Dieses Buch ist Sir John Templeton für seinen Einsatz für die Prinzipien von Frieden und Wohlstand gewidmet.

© 2018 Connor Boyack
Alle Rechte vorbehalten.

ISBN 978-1-943521-42-5

Die Tuttle-Zwillinge und die Goldene Regel

Covergestaltung: Elijah Stanfield
Herausgeber und Satz: Connor Boyack
Deutsche Übersetzung: Enno Samp

Gedruckt bei flyerheaven.de

10 9 8 7 6 5 4 3 2 1

DIE TUTTLE-ZWILLINGE
und die
GOLDENE REGEL

CONNOR BOYACK

Zeichnungen von Elijah Stanfield

Ethan und Emily waren nicht nur Zwillinge, sondern auch gute Freunde. Nun saßen sie gemeinsam im Bus auf der Fahrt zu ihrem ersten Ferienlager. Sie pfiffen ein Zeltlager-Lied, das Donald, ihr Busfahrer, ihnen beigebracht hatte.

„Wir sind da!" rief Emily aufgeregt, als das Ferienlager in Sichtweite kam.

Als der Bus auf das Gelände einbog, konnten die Kinder schon sehen, was sie alles Aufregendes erwartete: Schwimmen im See, Bogenschießen, ein Hindernisparcours und vieles mehr.

„Da ist Mrs. Miner!" rief Ethan, als der Bus anhielt. Beide freuten sie sich über ihre Lieblingslehrerin aus der Schule und damit über ein bekanntes Gesicht.

„Und da sind die Tuttle-Zwillinge!", erwiderte Mrs. Miner lächelnd. „Ich freue mich, euch zu sehen. Mein Mann und ich unterstützen Häuptling Ron diesen Sommer als Betreuer."

Die Kinder nahmen ihr Gepäck aus dem Bus und wurden von den Betreuern zu vier Hütten geleitet. Die Hütten „Adler" und „Schildkröte" waren für die Jungen. In „Bär" und „Klapperschlange" waren die Mädchen untergebracht.

„Es scheint, als wärst du ein Adler", bemerkte Emily zu ihrem Bruder, als sie sein blaues Halstuch sah.

„Und ich bin eine Klapperschlange", ergänzte sie und machte dazu ein lautes, zischendes Geräusch.

„Ihr werdet mit euren Gruppen diese Woche verschiedene Wettkämpfe bestreiten", informierte Mr. Miner die Kinder. „Eure Zimmernachbarn sind gleichzeitig eure Mannschaftskameraden. Wir hoffen, dass ihr alle euer Bestes gebt."

„Der Gewinner jedes Wettkampfes bekommt in Anerkennung seiner Leistung und für sein Teamwork von Häuptling Ron ein spezielles Bändchen für seine Teamfahne verliehen", sagte Mrs. Miner.

„Klar, dass die Adler gewinnen werden", sagte Ethan. „Wir sind furchterregende Raubtiere!"

„Genau! Ihr anderen werdet jämmerlich untergehen", prahlte Julian gegenüber den restlichen Teams. Auch er war ein Adler.

„Vorsicht!" antwortete Emily seelenruhig. „Ihr wisst doch, Klapperschlangen beißen manchmal, wenn sie angegriffen werden", grinste sie schlau.

„Genau. Also passt auf, ihr Adler!" warnte eine andere Klapperschlange namens Charlotte.

Die Zwillinge gingen in ihre jeweiligen Hütten und verbrachten den Rest des Nachmittags damit, ihre neuen Mannschaftskameraden kennenzulernen.

Ethan und Emily mochten die Kinder in ihren Teams und schlossen schnell mit allen Freundschaft. Dieses Ferienlager versprach, großartig zu werden!

Allerdings war Kate, eine von Emilys neuen Freundinnen, beunruhigt wegen Julian. „Mir scheint, er könnte ein Fiesling sein", sagte sie. „Wir müssen aufpassen, falls er irgendwelche gemeinen Tricks probiert."

In der Zwischenzeit überlegten die Adler, wie sie Sieger des Wettbewerbs werden könnten.

„Wenn die anderen Klapperschlangen aus einem ähnlichen Holz wie meine Schwester geschnitzt sind, wird es schwierig, sie zu schlagen", meinte Ethan.

„Mach dir mal keine Sorgen", beruhigte ihn Julian schnell. „Ich hätte da schon eine Idee …"

Der erste Wettkampf begann am nächsten Morgen gleich nach dem Frühstück: ein Kanurennen auf dem See.

Auf das „Los!" von Mr. Miner begannen alle Teams, mit voller Kraft zum anderen Ufer zu paddeln. Die Klapperschlangen hatten einen guten Start, aber ermüdeten schnell und fielen dann zurück. Die Adler zogen an ihnen wie auch an den anderen Mannschaften vorbei und gewannen damit das Rennen.

Während Häuptling Ron ein Bändchen an der Fahne der Adler befestigte, half Ethan Emily dabei, das Kanu der Klapperschlangen an Land zu ziehen. Dabei bemerkte er, dass ein sehr großer Stein an dessen Heck befestigt war, der das Boot während des Rennens gebremst hatte.

Ethan warf Julian einen Blick zu, der leise kicherte. „Psst", flüsterte er Ethan zu.

Verbogene Pfeile, nasses Feuerholz oder matschiger Boden - den Klapperschlangen schien während der nächsten Tage nichts recht zu gelingen.

Die Adler grinsten und tuschelten untereinander nach jedem Sieg. Das erschien Emily verdächtig. Vermutlich war das Pech der Klapperschlangen kein reiner Zufall.

Die Klapperschlangen waren sehr verärgert über dieses unfaire Verhalten. Bei einer der nächsten Mahlzeiten schmiedeten sie einen Racheplan, um es den Adlern heimzuzahlen.

„Das lassen wir ihnen nicht durchgehen", erklärte Kate. „Wir sollten ..."

Da wurde sie unterbrochen. Die Adler stimmten aus voller Kehle ihr Mannschaftslied an.

*Droben am Himmel fliegen wir
mit unsern mächt'gen Schwingen.
Als Beute alle jagen wir,
um den Sieg zu erringen.*

Ethan ging allmählich in diesem Teamgeist auf. Es machte Spaß, zum Gewinnerteam zu gehören.

„Die glauben, dass wir ihre Beute sind?" empörte sich Emily. „Jetzt wird es aber höchste Zeit, diesen Kerlen eine heilsame Lehre zu erteilen."

Am Nachmittag stand ein Hindernislauf auf dem Programm. Dabei gab es Tunnel, Kletterwände, Schwingseile und vieles mehr zu überwinden. Emily klatschte voller Vorfreude in die Hände.

„Um zu gewinnen, muss das gesamte Team fehlerfrei das Ziel erreichen", erklärte Mr. Miner. Nachdem er „Los!" gerufen hatte, sausten alle Kinder auf die Bahn zu.

Als Charlotte mit dem Schwingseil die Landeplattform erreicht hatte, verschob sie diese ein wenig, so dass Julian im Matsch landete. Also musste er noch einmal von vorne beginnen.

Emily lachte sich ins Fäustchen und sie freute sich, dass ihr Team in Führung ging. Als sie über den Schwebebalken balancierte, fiel ihr noch ein Trick ein, um ihrem Team weiteren Vorsprung zu sichern.

„Vorsicht!" rief sie Ethan zu, der auf dem Schwebebalken neben ihr unterwegs war. Als der sich umdrehte, verlor er das Gleichgewicht und fiel in die Schlammgrube.

„Ey, das macht man nicht!" schrie er frustriert.

Der Racheplan der Klapperschlangen ging auf. Bei diesem Wettkampf gewannen sie ein Bändchen für ihre Mannschaftsflagge.

In dieser Nacht schlichen die Klapperschlangen zur Hütte der Adler, denn sie hatten sich noch weitere Streiche ausgedacht. Die Jungen schliefen alle tief und fest und bekamen nichts mit.

„Die werden sich wundern", dachte sich Emily. „Und es wird ihnen eine Lehre dafür sein, sich mit den Klapperschlangen anzulegen."

Am nächsten Morgen gab es ein böses Erwachen für die Adler. Überall lagen lange Bahnen von Toilettenpapier herum. Und in ihren Betten juckte es von lauter Holzspänen.

Als Julian aus dem Bett stieg, scheuchte er das Stinktier auf, das darunter geschlafen hatte.

„Iiiieh!" schrien die Kinder und rannten nach draußen, weil das Stinktier seinen üblen Geruch verbreitet hatte.

Als die Jungen sich waschen wollten, merkten sie, dass jemand Tinte in ihren Wassertank gegeben hatte. Emmetts Gesicht war davon ganz blau geworden.

Plötzlich gellte ein Schrei aus dem Badezimmer. Ethan rannte heraus, aufgeschreckt von einer Schlange.

„Das bedeutet Krieg!" erklärte Julian. Er musste husten vor lauter Gestank. „Das schreit nach Rache!" sagte er und ballte seine Faust.

Die Adler verpassten das Frühstück und kamen zu spät zur morgendlichen Versammlung. Die anderen Gruppen blieben auf Abstand und hielten sich die Nasen zu. Offensichtlich war trotz Waschens noch viel mehr vom Gestank geblieben, als Julian und seine Teamkollegen gedacht hätten.

„Heute gibt es einen Orientierungslauf", verkündete Mr. Miner. Die meisten Kinder wussten nicht, was genau damit gemeint war. Also erklärte er, dass sie ihren Weg mithilfe eines Kompasses finden müssten. „Jede Mannschaft hat ihre eigene Strecke, die in den Teamfarben gekennzeichnet ist", ergänzte er.

„An den Markierungspunkten müsst ihr jeweils eine Rechenaufgabe lösen", erklärte Mrs. Miner. „Das Ergebnis verrät euch dann, in welche Richtung es zum nächsten Punkt mit der nächsten Aufgabe geht – und immer so weiter bis zum Ziel."

Häuptling Ron gab das Startzeichen mit einer Glocke. Die Kinder drängten sich jeweils zusammen, um in ihrer Gruppe die erste Aufgabe zu lösen.

Ethan mochte Mathematik besonders gerne. Dank ihm hatte seine Mannschaft die Aufgabe schnell gelöst. Mithilfe des Kompasses bestimmten die Adler den Weg in exakt 74 Grad westlicher Richtung. Damit gingen sie gleich zu Beginn in Führung.

„Los geht's!" rief Julian seinen Mannschaftskollegen zu, als sie in den Wald rannten. „Dieses Bändchen holen wir uns!"

Bald kamen die Adler an weiteren Markierungen an und lösten auch dort die Rechenaufgaben genauso schnell. Ethan war sehr stolz, dass seine Mathekenntnisse hier so nützlich waren.

Die Lösungshinweise kennzeichneten einen Pfad, der hinter einem Wasserfall entlang führte. Dort fanden sie in einer Höhle eine kleine Kopie des Totempfahls aus ihrem Camp. „Ich schätze, dass alle Gruppen an dieser Stelle vorbeikommen werden", meinte Ethan.

Sie fanden dort den letzten Hinweis, den Julian der Gruppe vorlas. „Auch wenn jeder im Leben seinen eigenen Weg geht, so sind wir doch alle gemeinsam unterwegs", stand dort. „Löst die nächste Aufgabe, um herauszufinden, in welcher Richtung es für euch alle weitergeht."

Die Adler lösten die Rechenaufgabe, und Ethan führte die Gruppe mit dem Kompass in die bezeichnete Richtung weiter.

„Wartet auf mich, Leute!" rief Julian von hinten.

Ethan wunderte sich, warum Julian so weit zurückgeblieben war. „Was hast du denn noch gemacht?" fragte er.

„Ihr wollt doch, dass wir weiter gewinnen, oder?" fragte Julian. „Also hab ich getan, was getan werden musste." Ethan hörte, wie die anderen Gruppen bereits aufholten.

Die Adler kamen an eine Wiese, wo die Betreuer sie schon hoch zu Ross erwarteten. Als die Adler merkten, dass sie gewonnen hatten, begannen sie zu singen:

Droben am Himmel fliegen wir
mit unsern mächt'gen Schwingen.
Als Beute alle jagen wir,
um den Sieg zu erringen.

Häuptling Ron überreichte ihnen ein grünes Bändchen, das zu ihrer eindrucksvollen Sammlung hinzukam.

„Wie kommt es, dass wir so viel Vorsprung haben?" wunderte sich Ethan. „Ich kann die anderen gar nicht mehr sehen."

„Ich hab die Zahlen bei der letzten Aufgabe abgeändert, so dass die anderen in die falsche Richtung weitergezogen sind", flüsterte Julian seinen Teamkollegen mit einem hämischen Grinsen zu.

„Das ist aber nicht nett", protestierte Emmett zögerlich. „Mit Ethans Hilfe hätten wir auch gewonnen, ohne dabei zu schummeln. Ich finde, dass es viel mehr Spaß macht zu siegen, wenn man fair gekämpft hat."

„Die anderen Teams müssten längst hier sein", sagte Mrs. Miner mit einem Blick auf ihre Uhr.

Ethan sah, wie nervös sie wurde, und bekam ein schlechtes Gewissen für das, was sein Team angerichtet hatte. Er sorgte sich um seine Schwester und dass ihr und den anderen etwas passiert sein könnte, wenn sie sich tatsächlich verlaufen hatten.

„Mrs. Miner", sagte Ethan. „Ich glaube, die anderen Teams brauchen Hilfe. Die Zahlen bei der letzten Aufgabe wurden geändert. Die anderen sind wohl in eine falsche Richtung gelaufen."

Mrs. Miner informierte die Betreuer. Sie alle stiegen auf ihre Pferde, um die Kinder zu suchen.

Es brauchte eine Weile, bis sie die anderen Mannschaften gefunden und die ganze Gruppe wieder zurück zum Lager gebracht hatten.

Häuptling Ron kam aus seiner Hütte. „Wir machen eine Versammlung nach Sonnenuntergang", sagte er zu den anderen Betreuern. „Es ist Zeit für eine Belehrung."

Er trug einen traditionellen Kopfschmuck mit Federn und sah damit sehr weise aus. „Dass muss der Grund sein, weswegen er Häuptling genannt wird", sagte Emily.

Am Abend versammelten sich alle Kinder am Lagerfeuer. Sie wussten nicht, was sie hier erwartete. Dann erklangen Trommelrhythmen, und Mr. und Mrs. Miner tanzten, als Indianer verkleidet, um das Feuer.

„Diese Krieger stehen für all die Konflikte der Menschen im Laufe der Geschichte", kündigte der Häuptling an. „Jeder von uns ist Teil der großen Menschheitsfamilie. Wir sind Brüder und Schwestern. Aber manchmal haben wir Angst vor Menschen von

anderen Stämmen oder Nationen. Dann kämpfen wir, obwohl wir Freunde sein könnten."

Die beiden Krieger taten so, als wenn sie miteinander kämpften. Ethan und Emily gefiel das. Aber sie verstanden nicht, warum die Betreuer das machten.

„Eure Mannschaften sind wie verschiedene Stämme. Aber anstatt Freunde zu sein, habt ihr gegeneinander gekämpft", sagte er. „Warum?" fragte er die Gruppe.

„Ich wollte nicht geärgert werden", antwortete Kate.

„Wir wollten nicht verlieren", ergänzte Julian.

„Ich war eifersüchtig, wenn andere Mannschaften gewannen", sagte Ethan.

Häuptling Ron nickte langsam. „Ihr habt aus Angst gehandelt", sagte er. „Angst kann hilfreich sein. Denn sie treibt uns zu handeln, wenn wirkliche Gefahr droht oder wenn wir uns gegen Angreifer verteidigen müssen."

Die Kinder kicherten, als Mrs. Miner ihr Beil hob und einen Angriff auf Mr. Miner vortäuschte, worauf dieser sogleich seinen Schild nahm, um sich zu verteidigen.

„Angst kann uns aber auch dazu führen, andere anzugreifen – so, wie ihr alle es getan habt! Aber es ist falsch, Gewalt gegen andere Personen oder deren Eigentum einzusetzen", erklärte der Häuptling. „Man darf sich im Falle eines Angriffs verteidigen. Aber es ist immer falsch, selbst der Aggressor zu sein und eine gewaltsame Auseinandersetzung zu beginnen."

„Aber Häuptling, die Eagles haben angefangen … das war nicht fair. Da haben wir es ihnen nur heimgezahlt", sagte Emily.

„Gerechtigkeit ist, wenn ein Fehler korrigiert und die Balance wiederhergestellt wird", erklärte Ron. „Aber Rache ist nicht Gerechtigkeit, sondern nur eine weitere Ungerechtigkeit."

Während seiner Rede ging der goldene Ring hinter ihm in Flammen auf, und die Trommeln wurden lauter. Die beiden Krieger tanzten wieder und simulierten dabei gegenseitige Angriffe.

„Eine Rachehandlung führt meist zu einem Bumerangeffekt", sagte Häuptling Ron. Er blickte von einem Team zum anderen. „Dann besteht die Gefahr, dass sich dieser Rachezyklus fortsetzt und aufschaukelt, immer hin und her, endlos. Ihr habt das bei euch selbst bemerkt, stimmt's?"

Alle Kinder nickten. Ethan verstand, dass das Ärgern der anderen Teams zu einem Bumerangeffekt geführt hatte.

Emily hatte gedacht, dass die Adler nach einem Racheakt mit dem Ärgern aufhören würden. Tatsächlich aber hatte es nur dazu geführt, dass die Auseinandersetzung noch härter geworden war.

„Ihr müsst diesen Rachezyklus stoppen und einen besseren Weg finden", fuhr der Häuptling fort. „Versucht, euren Gegnern die Angst zu nehmen, damit ein neuer Zyklus von Frieden und Wohlstand für alle beginnen kann."

Die Trommeln und der Tanz stoppten, und Häuptling Ron erklärte die Symbole auf einem Pergament. „Verletzt euren Nachbarn nicht, denn dadurch verletzt ihr euch selbst. Helft stattdessen euren Nachbarn. Das macht diese glücklicher, genauso wie auch euch."

Emily beugte sich zu Ethan hinüber und flüsterte ihm ins Ohr: „Das ist fast das gleiche, was Mama und Papa oft sagen: ‚Behandle andere so, wie du selbst von ihnen behandelt werden möchtest.'"

„Man kann das auch auf eine andere Art erklären, meine jungen Freunde. Man nennt dies die Goldene Regel", erklärte der Häuptling. „Unser Stamm glaubt an diese Regel, aber sie gehört nicht uns allein. Es ist eine Weisheit, die sich in vielen Kulturen und Religionen wiederfindet."

DIE GOLDENE REGEL

DU SOLLST NICHT SCHADEN, SONDERN GUTES TUN

Mr. und Mrs. Miner sprangen mit ihren Waffen vor. „Gibt es irgendjemanden von euch, der gerne angegriffen wird?" fragte Mr. Miner.

Erschrockenen Blickes antworteten alle Kinder gemeinsam: „Nein!"

„Dann sollte sich jeder einzelne von euch dazu entscheiden, nach dem Nichtangriffsprinzip zu leben. Greift niemals eine andere Person oder deren Eigentum an, und setzt Gewalt nur zur Verteidigung ein", sagte Häuptling Ron. „Nur so könnt ihr dauerhaft mit anderen in Frieden leben."

Die Krieger senkten ihre Waffen. „Wollt ihr lieber freundlich von anderen behandelt werden?" fragte Mrs. Miner die Kinder.

Alle lachten und riefen zusammen: „Ja!"

„Dann müsst ihr selbst euch dazu entscheiden, andere freundlich und mit Respekt zu behandeln", sagte Häuptling Ron. „Nur so könnt ihr auf Dauer in Frieden und Wohlstand mit anderen leben."

Häuptling Ron warf etwas ins Feuer, so dass Rauch aufstieg. Als sich der Rauch verzogen hatte, waren die Krieger verschwunden.

Zum Abschluss sagte Häuptling Ron: „Am schwierigsten ist es, einen Rachezyklus zu stoppen. Es erfordert von jedem, sich von Angst zu lösen, dem anderen zu verzeihen und tapfer die Hand zur Freundschaft zu reichen."

„Es tut mir leid, dass wir euch geärgert haben, Emily", sagte Ethan. „Ich entschuldige mich auch", antwortete sie. Die Zwillinge umarmten sich. Auch die anderen Kinder der verschiedenen Mannschaften reichten sich die Hände und entschuldigten sich.

„Ich fordere euch alle dazu auf, für den Rest der Woche nach der Goldenen Regel zu leben", sagte Häuptling Ron.

Dann gingen alle Teams in ihre Hütten und dachten über die vielen Dinge nach, die sie gelernt hatten.

Die ganze Nacht lang regnete es, aber am nächsten Morgen war der Himmel wieder klar. Jede Mannschaft trug ihre Fahne bei einer Tageswanderung auf einen Berg in der Nähe.

„Als Team habt ihr eine gemeinsame Identität, und ihr könnt gemeinsam mehr erreichen als jeder einzelne für sich", erklärte der Häuptling zu Beginn. „Unsere Unterschiede sind wertvoll. Wenn wir alle gleich wären, könnten wir einander nicht helfen und auch nicht voneinander lernen."

Nachdem sie den Gipfel erreicht hatten, setzten sich die Kinder zur Mittagspause hin und genossen die tolle Aussicht.

„Dass wir verschieden sind – jeder einzelne oder auch als verschiedene Mannschaften – sollte uns aber nicht trennen", sagte Mrs. Miner. „Vielmehr sollte es uns noch enger verbinden."

Dann verteilten Mr. und Mrs. Miner spezielle Freundschaftsbänder an alle Kinder, die sie immer an diese besondere Lektion von Häuptling Ron erinnern sollten.

„Das ist ja golden", sagte Emily zu den anderen. „Genauso wie die Goldene Regel!"

In der Ferne blitzte es und wenig später folgte lauter Donner. KRAWUMM! Die Gruppe machte sich auf den Rückweg bergab. Bei einem heftigen Wolkenbruch wurden alle völlig durchnässt.

„Unser Lager wird überschwemmt!" rief Emily, als sie bei den Hütten ankamen. Durch den Sturm war der nahegelegene Fluss über die Ufer getreten, und das Wasser floss ins Lager.

„Diese Woche habt ihr gegeneinander gekämpft", sagte Häuptling Ron. „Jetzt habt ihr Gelegenheit zu kooperieren, um an einer wirklich wichtigen Sache gemeinsam zu arbeiten. Wir müssen das Wasser umleiten, um das Lager zu schützen!"

Jedes Team übernahm eine andere Aufgabe, und alle machten sich an die Arbeit. Die Bären und die Schildkröten füllten gemeinsam Sandsäcke. Schaufel um Schaufel – das war harte Arbeit!

Die Klapperschlangen und die Adler bildeten eine Menschenkette, um die Sandsäcke zum Ufer durchzureichen und dort eine Mauer zu bauen. Auch die Betreuer waren dabei und achteten darauf, dass den Kindern nichts passierte.

„Sie brauchen etwas Unterstützung", sagte Mrs. Miner, als sie sah, wie sehr die Kinder sich abmühten. Sie wollte zu ihnen gehen, um zu helfen.

„Nein", antwortete Ron. „Sie brauchen die Erfahrung, dass sie in gemeinsamer Arbeit ein Problem selbständig lösen können. Lass sie die Arbeit alleine machen, damit sie danach stolz auf ihre Leistung sein können."

Nach getaner Arbeit waren die Kinder müde, hungrig und schmutzig. Aber sie hatten ihr Ziel erreicht!

Die Gruppe sah, wie das Wasser sich auf das Camp zu bewegte, aber durch die Sandsäcke aufgehalten wurde. „Wir haben es geschafft!" riefen sie und klatschten sich gegenseitig mit High-Five in die Hände.

„Was unsere Eltern wohl dazu sagen werden", meinte Ethan zu einigen seiner Freunde aus den anderen Teams.

„Das war richtig anstrengend, hat aber trotzdem viel Spaß gemacht!" sagte Charlotte.

„Habt ihr erkannt, was passiert ist?" fragte Häuptling Ron die Kinder. Die schüttelten verwirrt die Köpfe. „Schaut euch an. Ihr seid nicht mehr in Mannschaften geteilt und ihr kämpft nicht mehr gegeneinander. Diese Herausforderung hat euch verbunden, um gemeinsam etwas zu schaffen, das kein Team alleine gekonnt hätte."

Sie trafen sich alle im Essensraum, um sich abzutrocknen und über ihr jüngstes Abenteuer zu sprechen.

Mrs. Miner kam zu ihnen und hatte die Arme voll mit Keksen und anderen Süßigkeiten. „Wir sind sehr stolz auf euch alle," sagte sie. „Und wo ihr jetzt die Goldene Regel angewandt habt, wie wäre es, wenn wir das mit einer süßen Nachspeise vergolden?" fragte sie mit einem Zwinkern.

Emily rannte gleich los, um sich einen Schokokeks zu sichern. Aber dann hielt sie inne und erinnerte sich daran, dass sie andere so behandeln sollte, wie sie selbst gerne behandelt werden wollte.

„Nach dir", sagte sie zu Julian, der gleich nach ihr gekommen war. Ethan hatte ihnen vom Kamin aus zugesehen und streckte seinen Daumen in die Höhe.

Die letzten Tage im Ferienlager machten allen viel mehr Spaß als der Beginn. Ethan war die meiste Zeit beim Bogenschießen, und Emily lernte, wie man traditionellen Indianerschmuck herstellt.

Der Mannschaftswettbewerb ging weiter. Aber alle verhielten sich nun sehr fair. Jeder konzentrierte sich darauf, selbst seine beste Leistung zu geben, dabei Spaß zu haben und freundlich mit allen anderen umzugehen.

Als Häuptling Ron den Kindern am letzten Tag zusah, wie sie mit ihren Koffern zum Bus gingen, rief er ihnen zu: „Habt keine Angst vor den anderen! Seid Freunde! Und denkt immer an die Goldene Regel!" Dann winkte er ihnen zum Abschied.

„Das werden wir!" riefen die Tuttle-Zwillinge und ihre neuen Freunde zurück und hielten dabei ihre goldenen Armbänder in die Höhe – ihre Erinnerungsstütze, um immer daran zu denken, andere genau so zu behandeln, wie man selbst behandelt werden möchte.

Ende

Liebe Eltern,

ich bin Ron Paul.

Als Kongressabgeordneter aus Texas habe ich mich viele Jahre lang bemüht, meine Kollegen davon zu überzeugen, andere Menschen und Länder so zu behandeln, wie wir von diesen behandelt werden wollten.

In meinem Buch „Schwerter zu Pflugscharen" kritisiere ich die amerikanischen Kriege und empfehle eine Außenpolitik nach den Prinzipien, von denen diese Tuttle-Geschichte berichtet: Frieden, Freundschaft, die Goldene Regel und das Nichtangriffsprinzip.

Diese Regeln gelten in der internationalen Politik genauso wie im Privaten. Das ist das Wunderbare an grundlegenden Prinzipien: Sie gelten für alle Menschen unter den unterschiedlichsten Umständen. Jeder kann sich immer für die Goldene Regel entscheiden, egal wo er herkommt und wie er sonst lebt.

Bitte erzählen Sie Ihren Freunden von diesen Prinzipien. Frieden und Wohlstand – auch für kommende Generationen – hängen davon ab, wie weit es uns gelingt, diese Prinzipien zu leben und zu verbreiten.

Der Autor

Connor Boyack ist Präsident des Libertas Institute, einer öffentlichen Denkfabrik in Utah (USA). Er hat mehrere Bücher über Politik und Religion geschrieben sowie hunderte von Artikeln, in denen er sich für die persönliche Freiheit einsetzt. Über seine Arbeit wurde national und international in Radio, Fernsehen und Zeitschriften berichtet.

Er wurde in Kalifornien geboren und hat an der Brigham Young University studiert. Er lebt zusammen mit seiner Frau und seinen zwei Kindern in Lehi (Utah).

Der Zeichner

Elijah Stanfield ist Inhaber des Medienunternehmens Red House Motion Imaging in Washington.

Er beschäftigt sich seit langem mit der Österreichischen Schule der Nationalökonomie, mit Geschichte und mit der Philosophie des klassischen Liberalismus. Mit großem Engagement widmet er sich der Verbreitung der Ideen von freien Märkten sowie der persönlichen Freiheit. Für die Kampagne zur Bewerbung des libertären Politikers Ron Paul als amerikanischer Präsident im Jahr 2012 hat er acht Videos produziert. Er lebt mit seiner Frau und ihren fünf Kindern in Richland (Washington).

Besucht uns auch auf TuttleTwins.com
oder kinder-der-freiheit.com!

Glossar

Bumerangeffekt: Die unbeabsichtigten negativen Konsequenzen, wenn man andere verletzt oder ärgert.

Kooperation: Gemeinsam mit anderen arbeiten, um zusammen etwas zu bewerkstelligen oder Neues hervorzubringen.

Goldene Regel: Ein Grundprinzip, das besagt, andere so zu behandeln, wie man selbst von diesen behandelt werden möchte.

Gerechtigkeit: Ein moralisch richtiges Ergebnis, das fair und vernünftig ist.

Nichtangriffsprinzip: Ein Grundprinzip, das besagt, dass man niemals Gewalt gegen andere anwenden sollte, außer um sich selbst gegen gewaltsame Angriffe zu verteidigen.

Rache: Eine andere Person verletzen, nachdem man selbst zuerst von dieser verletzt wurde.

Fragen zur Diskussion

1. Warum ist es falsch, sich aggressiv gegenüber anderen zu verhalten und diese zu verletzen oder zu ärgern?
2. In welchen Fällen – wenn überhaupt – ist es gerechtfertigt, gegen andere Personen zu kämpfen?
3. Warum ist es so schwierig, die Goldene Regel einzuhalten?
4. Wie würde unsere Welt heute aussehen, wenn kriegführende Länder sich an das Nichtangriffsprinzip gehalten hätten?
5. Wie kannst du selbst die Goldene Regel noch besser in dein Leben integrieren?

Mehr Fragen, Lernaufgaben und Rätsel gibt es im zugehörigen Arbeitsheft. Erhältlich unter www.kinder-der-freiheit.com